따뜻한 쉼표

김옥순 교육 시집

시인의 말

꽃 같은 산골 아이들과
함께했던 사십 년.
웃을 일도 많았지만
울 때도 있었다.
이제 돌아보며
생각해 보니
그 모두가 내겐
사랑이었다.

2025년 겨울
김옥순

차례

1부 꽃 필 때가 너에게 봄

만손초	11
꽃 필 때가 너에게 봄	12
고슴도치에게	13
손님	14
맛있는 벌	16
내게는 너무 큰 것	17
하늘	18
매점	20
운동회에서	21
엄마 별이 간절하게 빛나는 이유	22
가을 오후	23
버리지 않아서 다행이다	24
세상의 중심	25
너의 이름은	27
사월의 비가	29

2부 세상 가득 넉넉한 그늘이 되어

핫초코 한 방울	33
김옥순전	34
이상한 어머니께	35
선물	36
김 선생이 아이에게	38
김밥을 먹으며	39
코로나19 속에서, 꽃이 지다	40
옥순이 딸	41
색동 보따리	43
물Lee 선생님	44
가시	45
보물	46
첫물	48
코로나19 속에서, 봄을 기다리며	49
꽃마리	50

3부 그래도 엄마가 좋다

엄마의 손	53
엄마의 틀니	54
마지막 이별	55
그때는 몰랐다	56
아버지 수염을 자르며	57
너를 보면 엄마가 다시 그리워져	58
그래도 엄마가 좋다	59
엄마의 꽃동산	60
아침 풍경	61
포기	62
엄마의 땅	64
아름다운 치매	66
기린초	68
어느 재두루미의 사랑	69
떨어진 동백꽃처럼	70

4부 부칠 수 없어 별이 되는 편지

겨울 해	75
오월의 연가	76
바람	77
나의 노래	78
상사화	79
재미난 우연	80
헤이그, 이준 평화 기념관을 나오며	81
장미에게	83
편지	84
아침으로 가는 길	85
고향 친구	86
고비	87
고구마	88
삼월의 눈	89
풍경	90

시인의 자전적 산문

나는 정원사였다	93

1부

꽃 필 때가 너에게 봄

만손초

만손초는
자손이 많아 만손초라지
자손이 많았으면 해서
만손초라 불렀다지

교실 햇살 따뜻한 창턱에
한 뿌리 길렀는데
잎마다 올망졸망 자식들 태어나
바라보는 마음을 그득하게 하네

교실마다 소복소복
자라나라 만손초
선배가 떠난 자리 후배들로 채워져
바라보는 마음도 그득하길

만손초를 기르며
만 손으로 넘쳐 나는
소복한 교실의
아이들을 그려 보네

꽃 필 때가 너에게 봄

봄꽃은 봄에만 피는 줄 알았다
그러나 때가 지나도록
피지 못하는 봄꽃도 있다

초조해하지 마라
늦게 피는 꽃도 있다
꽃 필 때가 너에게 봄인 것이다

고슴도치에게

상처를 줄지언정
받기는 싫어
온몸의 가시를 수시로 세우면
아무도 너에게
가까이 오질 않아
상처의 진물이 흘러야
마른 가슴
엉겨 붙어 비로소
가까워지는 것을

가시가 지켜 낸
말랑한 가슴으로
너는 짐짓 승자인 척
웃고 있지만
누구도 기웃하지 않는 무관심 속에
너의 가시가
너를 찔러
엉겨 붙지 않는 더 큰 상처가 생길 줄
똑똑한 너는 왜 모르니

손님

손님이 오시네
구불구불 언덕길 넘어
비바람 숲을 지나
휘영청 보름달 같은 모습으로
반가운 손님이 찾아오시네
아무리 감추려 해도
설레는 마음을 감출 수 없네

오랜 세월 거슬러 찾아오는 손님
어리고 풋풋한 단발머리 소녀가
어느새 불혹의 중년이 되어
저만치 두 팔 벌리며
아이처럼 달려오네
밀물처럼
그리움이 밀려오네

시집간 딸 친정 오듯
함박웃음 지으며
달려오는 옛 제자

초로의 김 선생이
딸을 맞듯 반겨 맞네
두고두고 그리울
손님이 오시네

맛있는 벌

벌 청소를 하러 온
아이들에게 청소 대신
뜨거운 벌을 내린다

얼굴이 환해진다
이렇게 맛있는 벌도 있다니!
눈치코치 던지고
젓가락을 잡는다
후루룩 짭짭
입천장이 얼얼하도록
컵라면 국물을
들이켠다
냄새까지도 맛있다

다신 실수하면 안 된다
짐짓 엄한 잔소리를 보탰지만
바라보는 입안에도 침이 고인다

내게는 너무 큰 것

수학여행을 다녀온 아이가
쭈뼛쭈뼛 다가와
조그마한 무언가를 주머니에서 꺼낸다
그게 뭐야?

그냥요 아무것도 아니에요
친구랑 같이 샀어요
작은 감귤 핸드크림을 불쑥 내밀고
뒷걸음치며 돌아선다

아무것도 아니라니?

아니야, 내게는 너무 큰 것이야
세상에서 가장 크고 소중한
너희들 마음이잖아

하늘

소풍 가는 날
밤새 거북했던 하늘이
끝내 참지 못하고
새벽부터 쏴
속을 쏟아 낸다

밀물처럼 산불*이
골짜기를 휩쓸 때
하늘은 멀뚱멀뚱
하품을 머금고
먼 산만 바라본다

믿었는데
저리 발등을 찍어 놓고도
마음속 하늘은 여전히
두 눈 부릅뜨고
겁주는 것을 멈추지 않는다

* 2025년 3월 22일 경북 의성, 안동, 청송, 영양, 영덕 등 5개 시·군에서 대형 산불이 발생해 역대 최대 규모의 인명·재산 피해를 남겼으며 27일 오후부터 경북 지역 일대에 약하게나마 비가 내리면서 산불의 기세가 누그러지고 28일에 주불이 진화되었다.

매점

생각만 해도 꿀맛
참새 방앗간 찾듯
가고 싶어 안달하는 곳
저마다 아껴 둔 용돈으로
오늘은 뭘 사 먹을까
순이는 크림빵
연수는 쫀드기
순자는 브이콘
혜림이는 군 달걀을 사서 문턱을 넘는데
아이들 얼굴에 환한
보름달 떴다
그곳은 행복을 파는 곳
아이들의 오아시스

운동회에서

운동회를 앞두고
비워 둔 계단 의자의 묵은 먼지를 닦았다
꼬마 손님들 맞을 생각에
앞 계단 의자가 반짝이도록
닦고 또 닦았다

왁자지껄 꼬마 손님들
드디어 입장하고
깨끗한 의자에 앉는가 기대했는데
아뿔싸 밉살스러운 초여름 햇살이
먼저 차지하고 앉았다
슬금슬금 뒷자리로 밀려난 꼬마 손님들
묵은 먼지 닦아 내고 저만치 앉았다

운동회를 마치고
허전한 마음으로 돌아보는데
말쑥한 계단 의자가
저녁노을을 머금고
발그레 웃고 있었다

엄마 별이 간절하게 빛나는 이유
―별이라는 이름의 아이에게

세상에 태어났을 때 별이는
얼마나 사랑스러운 아기였을까
많고 많은 이름 중
별이라 불린 것을 보면

그러나 지금은 길을 잃은 아기별아
너는 모르지
어두울수록 엄마 별이
간절히 빛나는 이유를

너는 정녕 모르지
가뭇없는 너의 바람에
엄마 별의 눈물이 이슬 되어
새벽마다 세상을 적시는 것을

가을 오후

가을 햇살이
열린 창문 틈으로
슬금슬금 기어들어 와
공부에 지친
아이들 어깨 위에서
게으른 하품을 하며
찔끔 눈물을 흘리고 있다

버리지 않아서 다행이다

사실은 버렸다
관심을 버렸고
베란다 구석에 내다 버렸다
묵은 화분에서 잎이 나고 꽃대가 자랄지
기대조차 버렸다

그렇게 버린 화분에서
어느 날 갑자기
꽃이 피었다
향긋하고 고운
난초꽃이 피었다

너무 미안해서 낯이 붉어졌다
버려도 버려지지 않고
꽃을 피운 아이
목마를까 가끔 물만 주었는데
버려지지 않고 꿈을 키웠다

버리지 않아서 천만다행이다

세상의 중심

너 집이 어디니?
넌 어디서 왔니?
낯선 신입생에게 말을 건넨다
서울에서? 대구에서 왔다고?
어머 그럼 넌 서울 촌놈이구나
그래 넌 대구 촌놈이네

반갑다고 건네는 인사말이
어린 촌놈은 영 못마땅한지
저 서울특별시민이지
촌놈 아닌데요
바로 여기가 촌인데요라며
뾰로통하니 입을 삐죽거린다

너 서울특별시민이라고?
여기가 촌이라고?
그래 맞아, 하지만
이곳은 대한민국의 중심
세계의 중심, 영양이야

네가 있는 곳이면 어디든 세상의 중심이지

잠깐 갸우뚱 고개를 젓다가
마침내 알아들었다는 듯
서울 촌놈 대구 촌놈
배시시 웃는다
영양 촌놈도 마주 보며
웃는다

너의 이름은

작고 어린 새여
어느새 너의 가슴은 세상을 품는다
미지의 세계를 향해
끝없는 비상飛上을 꿈꾼다
서툰 날갯짓도 부끄럽지 않아
낯선 바람이 등을 떠밀어도
두려워하며 뒷걸음치지 마

너는 어리지만 어리지 않아
둥지를 박차고
푸른 날개를 펼쳐 보렴
두려움과 망설임
모두 떨치고
창공을 향해
힘차게 날아 보렴

꿈을 꾸어야 꿈을 이루지
꿈이 없으면 청년이 아니지
너의 이름은 꿈꾸는 새

너의 가슴은 꿈꾸는 청춘
자 이제부터 날아오르렴
발걸음은 가볍게
뜻은 가볍지 않게

사월의 비가悲歌

너는 어디로 갔느냐
너 없이 살 수가 없다
봄꽃은 천지 간에 가득한데
미망迷妄한 세상에 기댈 수 없어
꽃 피기를 멈추고 흐르느냐
이 땅에 살 수 없어 그렇게 흐르느냐

가만히 있으라는 부조리한 명령에
대들지 않고
왜 가만있었느냐
책임을 모르는 시대가
부력의 법칙을 거슬러
너를 차가운 어둠 속에 흐르게 하였구나
아물 수 없는 상처로 흐르게 하였구나

멈추지 못한 바람개비는
노랗게 돌고 도는데
너는 아직도 흐르느냐
흘러야만 하느냐

시퍼렇게 멍든 가슴으로

바다여 너는 정녕 어디로 흐르느냐

2부

세상 가득 넉넉한 그늘이 되어

핫초코 한 방울

누가 몰래 다녀갔을까
자판기 받침대에 떨어진 핫초코 한 방울
혹시나 하는 마음에 노래를 부르며
천천히 계단을 올라왔더니
황급히 누군가 빠져나갔다

허허 이렇게 간 큰 녀석을 보았나
감히 교장실 핫초코에 손을 대다니
얼마나 간절하여 찾아왔을까
때로는 아이에게도
인생 위로가 필요한 법이지

핫초코 한 방울로 생각이 많아진 겨울 아침
힘들고 추운 어린 새에게
달콤한 한 모금이
따뜻한 쉼표 되길 바라며
핫초코 한 방울을 닦는다

김옥순전傳

아무것도 모르던 어린 날
햇살 소복소복 내리 쌓이던
시골집 토담에 기대앉아
친구에게 나의 꿈을 들려주었네

나는 커서 선생님이 될 거야

어찌어찌 돌고 돌아 어른이 되었는데
기적처럼 김 선생이 되어 있었네
눈만 뜨면 아이들과 울고 웃으며
강물처럼 흐르는 세월을 엮어
김 선생 이야기를 쓰고 있었네
자랑할 건 없어도 숨길 것도 없다네
다 내어 주고도 부자 된 마음

다시 태어나도
나는 선생님이 될 거야
그렇게 김옥순은 마음 부자가 되어
행복하게 잘 살았다네

이상한 어머니께

당신의 모성은
태산처럼 거대하고
바위처럼 단단하나
때론 사막처럼 건조하고
얼음처럼 차가워
생각만 해도 아이는 가슴 떨려요

가장 헌신적이나
때론 가장 이기적인 이상한 어머니
제발 다그치지 마세요
아이는 당신의 장신구가 아니라
거대한 우주를 품은
아주 작은 씨앗이랍니다

선물

택배가 왔다
큰 상자 가득
고향 친구가 보내 준
승진 축하 선물
제주 감물로 염색한 고운 손지갑
손으로 만든 시들지 않는 꽃다발
그것으로도 충분한데
수세미 한 보따리까지

수세미를 나누며
동료들에게 자랑했다
세상에 나처럼
좋은 친구 가진 이
어디 있을까?
그 많던 수세미를 나누고
겨우 두어 개 남았는데
세상 수세미를 다 가진 것보다 뿌듯했다

수세미를 쓰면서

이래 봬도 수출품이라던
친구의 말속에 녹아 있는 자부심을
그 당당한 인생을 떠올리게 될 것이다
그러다가 문득 나는
자신 있게 줄 수 있는
무엇 하나 없음이
미안해질 것이다

김 선생이 아이에게

아픈 아이가 웅크리고 앉아 시험을 본다
지켜보는 김 선생의 마음이 아리다
멀리 있어 달려올 수 없는 엄마의 가슴에
간절한 촛불 하나 타오른다

아프면서 깊게 익는단다
아프면서 맛있게 익는단다
아프면서 아름답게 익는단다
아프면서 빛나게 익는단다

아이야 네 마음의 밭에 꿈을 심으렴
아픔을 딛고 세상 가득 네 꿈들이 피어나면
김 선생은 신이 나서 노래를 부를 거야
엄마는 덩실덩실 춤조차 추실 거야

김밥을 먹으며

이른 출장길
뜻밖에 건네받은
김밥을 먹으며
그 수고로움을 생각한다

별이 지기 전
달콤한 새벽잠도 고팠으리라
바쁜 시간에 쫓겨
생 땀도 흘렸으리라

그 정성으로
마주한 김밥
덕분에 고단한 하루가
고마운 소풍이 되었다

코로나19 속에서, 꽃이 지다

가슴 설레며
잔치를 열었던 봄꽃들이
세상 환하게 피었다가
멋쩍게 지고 있다
아이들이 오지 않는
텅 빈 봄 동산이 허탈하여
서둘러 한 닢 두 닢
꽃잎을 접고 있다

어떻게 준비한 잔칫상인데
한 해를 기다리고 기다려
마지막 고비 동장군도 물리치고
마침내 터뜨린 꽃 잔치인데
끝내 보이지 않는 아이들을 기다리다
추억 속에 재잘대던 그 모습 그리다
기다림에 지쳐 힘없이 지고 있다
4월의 꽃이 지고 있다

옥순이 딸

영산홍이 곱던 어느 봄날
교정으로 꼬마 아가씨들
소풍을 왔다
종달새처럼 지저귀는 꼬마에게
어떻게 왔냐고 물었는데
여긴 울 엄마 학교란다
네 엄마가 누구냐고 물었더니
울 엄마 이름은
옥순이란다
깜짝 놀란 옥순이 머릿속에
십수 년 전 제자의 얼굴이 떠오른다

얼굴만으로도 그 엄마에 그 딸이어서
네가 바로 그 옥순이 딸이구나 했더니
두 눈을 말똥거리며
누군데 울 엄마를 알아요? 한다
나도 옥순이란다
그 꼬마 아가씨 자라서
옥순이 후배가 되고

옥순이 제자가 되고
지금은 중국집 사장님 되어
오토바이로 쌩쌩
온 읍내를 누빈다

색동 보따리

오랜만에 그리운 옛 제자를 만났다
당당한 엄마의 이름 속에 잊고 지냈던
수줍게 반짝이던 그 옛날 눈빛으로

먼 길 도착 후 드시라고 초밥을 담고
후식으로 드시라며 딸기도 담고
아끼던 색동 보자기에 마음까지 담아

열일곱 단발머리 풋풋한 여고생이
이제는 중년의 아줌마가 되어
초로의 김 선생에게 건넨 색동 보따리

바람 같던 긴 세월을 지우고 돌아오는 길
차창 밖에서 열일곱 들꽃 같은 소녀가
오래오래 손을 흔들어 주었다

물Lee 선생님

한평생 겸양과 인내를 미덕으로 알아
큰 사랑을 품었으나 작은 자랑도 참아 내며
묵묵히 정성을 쏟으신 참스승님
이제 우뚝 선 제자 앞에서
저절로 벙그는 넉넉한 웃음

더 많은 진리와 눈 맞추게 하려고
아이들과 눈높이를 맞추시려다
스스로 키 크기를 멈추신 선생님
이제 성성한 백발 앞에 누가 뭐랄까
제자 자랑 한마디로 붉어지는 그 미소

큰 사랑 먹고 크게 자란 한 아이
빛나는 박사 논문 첫 페이지에
진심을 담아 두어 줄 새겼네
어릴 적 제 꿈을 지켜 주신 선생님
그 사랑 영원히 감사합니다라고

가시

무심코 던진 한마디
아이의 목에 가시가 되어 걸렸다
밥을 먹어도
물을 마셔도
가시는 넘어가지 않았다

무심코 던진 한마디
김 선생에게 돌아와 더 큰 가시가 되었다
아이에게 말했다
그런 뜻은 아니었지만
미안하다
정말 미안하다고

마침내 아이가
고개를 끄덕였다
그러자 귀신처럼
가시가 사라졌다

보물

우리 학교에는 보물이 많아요
교장 선생님은 우릴 보물이라 하지만
사실은 교장 선생님도 자랑하는 보물이에요
늘 단정한 작업복에
빨간 손바닥 장갑을 끼고
잠시도 쉬지 않고
일을 찾아다니는 보물이에요

이런 보물 보신 적 있나요?
비가 오면 낙수를 잡고
맑은 날엔 운동장 잡초와 씨름하지요
태풍 몰아치던 어느 일요일엔
짠! 하고 나타나 바람을 노려보았는데
기세등등 바람도 무서워
감히 아무 짓도 못 했답니다

삐걱거리는 교실 문도
보물님 앞에선 꼼짝없지요
봄마다 피는 영산홍도

보물님의 마법 속에서 피어나요
무엇보다 보물인 까닭은
학교를 반짝이게 하는 마음 때문이래요
이만하면 진짜 보물 맞잖아요!

첫물

첫물이라며
투박한 농부의 손이
수줍게 내민
까만 봉지 안에
싱싱하게 살아 있는
브로콜리 두 송이

불혹의 주름 위로
따스한 바람이 지나가고
마침내 첫물을 거두어
김 선생에게 가져온
세상에서 가장 향기로운
제자의 마음

코로나19 속에서, 봄을 기다리며

기다리기로 했어
무섭고 긴 터널 속
끝이 보이지 않는 어둠 속에서도
스멀스멀 피어나는 안개 헤치며
새벽 기차가 달려 나오고
새날이 밝아 오리란 것을
우리의 아이들이
서로 손잡고
환한 웃음으로 쏟아져 나오리란 것을

기다리고 있어
비바람 속에서도
어린 꿈들이
눈부신 새싹으로 돋아나
마침내 흔들리지 않는 나무 되어
푸르게 푸르게 빛날 것을
따가운 햇살 속에서도
세상 가득 넉넉한 그늘이 되어
서로 든든히 지켜 줄 것을

꽃마리

나는 네가 꽃인 줄도 몰랐다
크고 화려한 꽃 뒤에 말없이 숨어 있는
그저 이름 없는 잡초인 줄 알았다
그런데 가만히 살펴보니
너는 이름조차 고운 꽃마리였다

척박한 땅에 가녀린 풀꽃으로 자랐지만
때론 맛난 반찬으로 밥상 위에 오르고
때론 짓이겨져 쓰린 상처를 보듬었지
때론 몰아치는 비바람 앞에 온몸을 떨었으나
다시금 고개를 들어 하늘의 별을 바라보았지

너는 처음부터 향기로운 세상의 꽃이었다
긴 겨울 매서운 눈보라를 참아 내고
담담히 피어난 영롱한 꽃이었다
다섯 개의 꽃잎과 다섯 개의 수술을 가진
깨알처럼 작지만 완벽한 꽃이었다

3부

그래도 엄마가 좋다

엄마의 손

보들보들 비단 같은 엄마의 손
참 어색하기도 하다
젊은 날엔 그토록 험하기만 하더니
갈라진 손끝에
밤마다 반창고를 붙이던
더덕 같던 손등이
꿈에도 본 적 없는 비단 손이 되었네

더 이상 일하지 말라고
더 이상 일할 힘 없다고
세상이 일을 다 빼앗아
늙은 엄마 손은 지금 개점휴업 중
이제야 비단 같은 엄마의 손
볼수록 낯선 엄마의 손
생각할수록 고귀한 엄마의 손

엄마의 틀니

엄마는 여태 한 번도 틀니를 보여 준 적이 없었다
늘 재빨리 씻어 입안으로 감췄다
이제 힘이 다해
빼놓은 틀니에
막내딸이 치약을 발라 솔질한다
그런데 어떻게 이렇게 생겼나
구멍 숭숭 난 낡은 걸쇠
넓고 얇은 금속 천장
낯설고 괴이한 엄마의 틀니
언제부터였을까
저렇게 어색한 것을 입안에 끼우고
엄마는 어떤 맛을 느꼈을까
잇몸이 녹도록 단물을 만들어
자식들에게 먹이고
그 찌끼만으로도 달았을까
세월 따라 헐렁해진 엄마의 틀니
깨끗이 솔질하여 다시 끼운다
볼수록 이상한 엄마의 틀니
볼수록 눈물겨운 엄마의 틀니

마지막 이별

흔한 유행가 가사처럼
목숨 바쳐 사랑한 당신은 아니었지만
운명처럼 다가온 마지막 이별은
휑하니 구멍 하나 가슴에 뚫어 놓았다
그날 이후 어제의 태양은
떠오르지 않았고
이별은 긴긴밤을 뒤척이며
돌아서서 울었다

이별이 슬픈 것은
다시는 당신과 밥을 먹을 수 없기 때문이다
당신의 손을 잡을 수 없기 때문이다
당신과 그날의 이야기를 나눌 수 없기 때문이다
당신을 우연히라도 만날 수 없기 때문이다
이별이 이토록 슬픈 것은
결국 시간이 조금씩
내게서 당신을 뺏어 갈 줄 알기 때문이다

그때는 몰랐다

어릴 적 울 아부지
늦저녁 자리에 누워
야야 팔 좀 주물러 다오
어깨도 주물러 다오
딸내미 고사리 같은 손도
약이 되었던지
아이코 시원해라
네 손이 약손이라며
낮은 신음 삼키셨다

아부지만큼 나이 먹어
그때를 떠올린다
끝없는 농사일에 지쳐
돌아눕기도 힘드셨던 울 아부지
그때는 몰랐다
아부지 어깨보다
네 손이 약손이라는 칭찬에 신났지만
이불 속에서 꼼지락꼼지락
제 손가락 아픈 줄만 알았다

아버지 수염을 자르며

오랜만에 아버지를 찾았다
이제는 겨울나무처럼
앙상한 내 아버지
한여름 느티나무 같았던
어릴 적 아버지는 어딜 갔나
짧은 순간 긴 상념에
눈시울이 젖는다

무딘 가위 꺼내어
마른논에 잡초 같은
수염을 자른다
아버지 막내딸에게 턱을 맡기고
보일 듯 말 듯 미소를 짓는다
내 눈에는 보일 듯 말 듯
이슬비가 내린다

너를 보면 엄마가 다시 그리워져
—사모곡思母曲

친구의 엄마가 저세상으로 떠나신 날
친정집 강아지를 찾았다
엄마 생전 살뜰히 챙기시던 강아지
엄마를 본 듯 반겨 주었다

동짓달 햇추위로 꽁꽁 얼어붙던 그날 밤
손수 받아 아랫목에 재웠던 그 꼬물이
어느새 노견이 되었는데
침침한 눈으로 엄마를 찾는지
내게서 엄마 닮은 냄새라도 나는지
꼬리를 좌우로 하염없이 흔든다

너를 보면 엄마가 다시 그리워져
친구의 사모곡을 들으며
한참 코를 풀며 함께 울었다

그래도 엄마가 좋다

막내딸이 교장이 되었다는 소식에
엄마는 엄지척하며
환하게 웃으셨다
그러던 엄마가
일주일 만에 찾아온 딸에게
왜 이제 오냐며 토라지신다
딸은 서둘러 변명 거리를 찾는다
엄마 학교 일이 바빴어요
갑자기 두 눈을 동그랗게 뜨시더니
네가 몇 살인데 아직 학교에 다니노?
딸이 교장 된 걸 그새 잊으셨나 보다
그래도 엄마가 곁에 있으니 좋다

엄마의 꽃동산

엄마 생각나 다시 찾은 무덤가에
연보라색 쑥부쟁이 정겹게 피었네
유난히 꽃을 좋아하셨던 우리 엄마
꽃들이 먼저 알고 앞다투어 피었네

나 죽거든 힘든 제사 대신
꽃나무나 서너 그루 심어 주면 좋겠구나
철 따라 피고 지는 꽃이면 족하다
남기신 그 말씀 떠올라 가슴이 먹먹하네

저 홀로 피어나 향기로운 꽃동산
산새들 포르르 날아들고
풀벌레 찌찌찌 노래하는
돌아와도 그리운 엄마의 꽃동산

아침 풍경

푸른 안개가 문밖을 서성일 때면
마른기침으로 새벽잠 털고 일어나
어둠 속에서 더듬더듬 작업복 찾아 입고
소죽을 끓이시던 우리 아버지

활활 타오르는 아궁이 장작불로
구들장 데우고 얼음물도 녹이셨지
늦잠꾸러기 막내딸을 어르고 얼러
쨍쨍한 아침 공기 맛보게 하셨지

집집마다 굴뚝 위로 솟아나던
뽀얀 연기 구수한 보리밥 냄새
무릎이 부딪혀도 물러날 수 없던 밥상
동그란 얼굴 위로 아침 햇살 떠올랐지

포기
―포기라곤 모르신 엄마를 생각하며

해마다 이맘때면
우리 엄마 큰맘 내셨지
힘든 기억 생생해도
포기할 수 없었지
일백 포기 배추를
절이고 헹구고 양념하며
하루해가 저물어도
수백 번 접었다 폈다
허리가 끊어져도

해마다 이맘때면
우리 엄마 팔을 걷어붙이셨지
맛난 풍경 떠올리며
포기라곤 모르셨지
일백 포기 배추와
온몸 던져 싸워도
물러설 수 없었지
늦은 저녁 구들장에 젖은 빨래처럼 누워도
포기라곤 모르셨지

수십 통 김치 통에
정성 꼭꼭 눌러 담아
오 남매 겨울 식탁
사랑으로 채우셨지

엄마의 땅

큰 부자는 아니어도
논밭 뙈기 스무 마지기
땟거리 걱정하지 않을 만큼
남부럽지 않은 집안에서
개구진 오라비와 자라
거칠 것 없던 어린 시절엔
온 동네가 전부
엄마의 땅이었네

열여덟 꽃다운 나이에
어여쁜 신부 되어
인생의 새 터 일구었네
올망졸망 오 남매 낳아
조용할 날 없이 살았지만
고단하다 생각하지 않고 열심히 가꾸어
튼튼하고 넉넉한
엄마의 성 이루었네

이제 몸져누운

일인용 병상
발 디딜 일도 발 디딜 곳도 없어
우리 엄마는 공중 부양 중
한 평도 안 되는 공간에 아픈 몸 뉘었네
세상에 다 내어놓고
돌아누울 곳 없는
그곳만이 오직 엄마의 땅

아름다운 치매

아줌마는 누구신데
이래 내 발도 닦아 주고
손도 잡아 주니껴?
고맙니더
고맙니더

평생 큰 실수 없이 살아오신
우리 아버지
인생 저물녘에 큰 실수 하셨다
한 번도 아니고
두 번 세 번

때마다 씻어 주고 닦아 주는 며느리에게
아줌마는 누구신데
내한테 이래 잘해 주니껴?
고맙니더 고맙니더라고
치매 때문에 그 아름다운 치매 때문에

아버님 저 모르시겠어요?

셋째 며느리요, 교야 에미요
애써 설명해도 빙그레 웃기만 할 뿐
통 못 알아듣는 표정으로 고개만 끄덕이시다
고맙단 말만 자꾸 하신다

그렇게 고맙단 말만 단풍 들도록 하시더니
초겨울 눈꽃 되어 훨훨 떠나셨다
아줌마 고맙니더라는
짧은 인사 남기시고
우리 아버지 먼 길을 떠나가셨다

기린초

초여름 햇살이 눈부셔
바위틈에 살짝 숨었는데
지나가던 바람이 살랑살랑

간지러워
터져 버린
샛노란 웃음

어느 재두루미의 사랑

그대를 사랑했네
목숨 바쳐 그대를 사랑했네
떠날 수 없네
광활한 시베리아
그 차가운 생명의 숲으로
혼자서는 돌아갈 수 없네
그대 향한 내 사랑
접을 수 없어
그대 부러진 날개 옆에
내 날개를 접겠네

떨어진 동백꽃처럼

어머니 먼 길을
그렇게 급히 가시다니요
마을 나가실 때처럼
손 한 번 흔들지 못했는데
인사조차 한마디 못 했는데

그날따라
밤하늘이 너무 어두워
더딘 걸음으로 달려갔는데
어두운 밤 밝히시려고
그렇게 서둘러 하늘의 별이 되셨군요

어떻게 잊고 가셨나요
마른 눈물 토할 만큼
무른 자식을 두고
겨울이 깊어 별들도 추운 밤에
천천히 가시라고 그렇게 말렸건만

긴 겨울 모진 바람에

떨어진 동백꽃처럼
온통
붉은 가슴으로
그리운 내 어머니

4부

부칠 수 없어 별이 되는 편지

겨울 해

동지를 향한 겨울 해는
에누리가 없다
갈 길 먼 나그네의
발길 앞에서
무정하게 뚝 떨어진다
그 바람에
별들은 번쩍
정신을 차리고
날개를 접은 새는
종종걸음으로
대지의 품속으로
파고든다
마침내 세상은
고요 속에
닻을 내린다

오월의 연가戀歌

달콤한 아카시아의 유혹에
꿀벌은 서슴없이 입을 맞추고
하얀 영산홍 바람 타고
수줍게 길 나서는 오후
따사로운 햇살에
찔레꽃도 살짝 얼굴을 붉히는데
분가루 잔뜩 뒤집어쓴 이팝나무
풀어헤친 머리 위로
하얀 조각달이 떴다
붉은 사월이 지고
새색시 얼굴 같은
뽀얀 오월이 핀다
나도야 순백의 연심戀心으로
오월을 노래한다

바람

어제는 뜨거웠으나
오늘은 식어 버린
차 한 모금을 마신다

뜻밖에
입안 가득 퍼지는
진한 동백꽃 향기

다 우려내고도
향기로 남는
새날이면 좋겠다

나의 노래

때로는 비바람에
나뭇가지 흔들리듯 살아도
괜찮다고
한 줌 햇살에도
반짝이던
나뭇잎이 속삭였네

작은 새들의 노랫소리에
마음 토닥이며 살아온 긴 세월
세찬 바람에 잔가지 부러져도
해묵은 뿌리에서 움을 틔울 수 있다면
검은 숲에 고요히 앉아
아침이 오기를 기다리겠네

상사화

그대를 만나기 위해
온 힘을 다해 꽃을 피웠으나
그대는 없었다

보고 싶다
기다려 달라
말 한마디 못 하고

더 이상
참지 못해
온몸으로 울었다

재미난 우연

남편을 따라나선 모임에서
친구의 부인들을 만났다
셋이 나란히 앉아
도란도란 이야기꽃을 피우는데
갑자기 뒤에서 남편이
옥순아 하고 불렀다
고개를 돌리며 대답했다 예?
그런데 뜻밖에도
대답은 독창이 아니라
삼중창이었다
순간 우리 셋도 놀랐지만
남편이 더 놀랐다
남편도 우리도 처음 알았다
우리는 모두 옥순이었다

헤이그, 이준 평화 기념관을 나오며

빨간 트램Tram*이 들어왔고
또 사람들을 쏟아 놓고 떠났다
이렇게 붐비는 사람들 속에서
나는 철저히 혼자다
끝없이 움직이는 거대한 우주 속에서
숨이 가쁘다
갑자기 나는 어항 속에 갇힌다
수많은 푸른 눈들이 유리 벽 밖에서
나를 응시한다
나는 힘껏 꼬리를 치지만
탈출구가 없다

이 외로운 순간을
백 년 전 투사는 어떻게 견뎠을까
차라리 금붕어가 되기로 마음먹었을까
더 큰 어항에 그들을 가두고 싶었을까
필생의 과업을 이루기 위한
목숨 건 아득한 유영
힘이 곧 평화라 절규하며

어항 속에서 그는 장렬히 산화하였다

백 년이 지난 후
낯선 이방인은
다시 푸른 눈과 마주 보고 서 있다
그러나 이젠 평화의 거리에서
금붕어의 꿈을 반추한다
빨간 트램이 떠난 자리에
쏟아지는 햇살이 눈부시다

* 도로에 설치된 레일을 따라 운행되는 노면 전차.

장미에게

똑똑 들리나요
그대 마음의 문을
열어 주세요
꼭 다문 그 입속으로
들어가고 싶어요

붉디붉은
초련의 두근거림
숨길 수가 없어요
가슴속 뜨거운 열망
참을 수도 없어요

문을 열어 주세요
그대 향기에 취해
한여름 북극의 빙하처럼
뜨겁게 뜨겁게
녹아내리고 싶어요

편지

저문 가을 하늘에
편지를 쓴다
그대 지금 무얼 하고 있는지
오늘 하루는 어떠했는지

한 줄 쓰면
한 줄 와서 읽는 바람
가슴이 텅 비도록 써 내려가도
그대는 한마디 말이 없다

저문 가을 하늘에
편지를 쓴다
부칠 수 없어 별이 되는
편지를 쓴다

아침으로 가는 길

어둑어둑 새벽을 열고
아침으로 가는 길
밤은 지쳐 달아나고
새벽이 별빛 거두면
푸름한 잠자리에
체온을 묻어 두고
굽이 낮은 구두에 삶을 싣는다

굽이굽이 산길 돌아
아침으로 가는 길
꽃 피고 새 울고
때론 비도 내리고
오늘은 안개 속에 길을 잃겠네
타박타박 구두 소리

멀리 새 한 마리
산 넘어 날아가고
어제처럼 오늘도
아침이 기다리고 있다

고향 친구

친구가 있네
따스한 봄볕 같은
비 오는 날 우산 같은
가을 하늘 같은
친구가 있네
한겨울 눈보라 치면
따뜻한 아랫목 되어
언 마음 녹여 줄

오랜 세월 거슬러
회귀하는 연어처럼
돌아가 마음 풀고 싶은
그런 친구가 있네

고비

사막에 왔네
인생의 고비를 넘기려
고비 사막에 왔네
목마를수록
깊게 뿌리 내리는
낙타 풀처럼
목마를수록
가시 돋친 낙타 풀 씹어
흐르는 피로 생명을 지키는
낙타처럼
인생은 포기하지 않고
피 흘리듯 살아야 하는
그 무엇임을 배우러
사막에 왔네
인생의 고비 때마다
내가 넘어간
고비를 떠올리려
고비 사막에 왔네

고구마

음지에서 튼실하게 자란 고구마구마
소쿠리가 받들어 모신 고구마구마
멧돼지도 목숨 거는 고구마구마
누가 먹어도 든든한 고구마구마

세상 모른 채 땅속에서 뒹굴다
굼벵이에게 한쪽 옆구리 내어도 주고
두더지 발소리에 가슴 졸이기도 했지
그래도 포기하지 않고 때를 기다렸지

온 여름 지나도록 엎드려 있다가
초가을 햇살 따갑던 어느 날
힘센 농부의 호미 끝에 이끌려
어이쿠나 신나게 세상 구경 나왔네

내가 바로 인기쟁이 고구마구마
세상 앞에 당당한 고구마구마
울퉁불퉁 못생겼다 사람들이 놀려 대도
맛 좋고 영양 좋은 고구마구마

삼월의 눈

하늘 꼭대기에서
몸을 던졌다

무한 공간

휘휘 날아
내려앉은
가장 낮은 자리
잠시 앉았다
찰나에 사라지는
삼월의 눈은
잊혀진 사랑처럼
허망하다

풍경

폭우 속을
지붕도 없이
개들을 싣고 차가 달린다
사납던 울음은
어디론가 사라지고
고개를 떨군 채
운명을 싣고
차가 달리고 있다

그들은 지금
무엇을 생각하는가
죽도록 충성했건만
자신을 버린
주인을 그리는가
하늘보다 가혹한
인간의 법칙 앞에
모든 걸 맡긴 채

비는 쏟아지는데

번개 같은 네 발로도
달릴 수 없는
본능이 갇힌 곳에서
자유로운 한숨만이
철망을 빠져나와
고속 도로를
달리고 있다

시인의 자전적 산문

나는 정원사였다

시인의 자전적 산문

나는 정원사였다

1

나는 정원사였다.

내 인생의 이력은 이것 한 가지이다.

어릴 적부터 꿈꾸었고, 이루었고, 이 길을 걷다 보니 어느새 나의 인생이 되어 있었다. 나의 정원에는 마흔 번이나 봄꽃들이 피어났다.

처음에는 이름조차 서툴렀으나 이제는 꽃들을 제법 분간할 줄 안다.

어떤 꽃의 향기가 달콤한지 또는 은은한지,

어떤 꽃이 가뭄에도 꿋꿋한지 초가을 서리에 잎이 지는지,

어떤 꽃이 혼자 피는 걸 좋아하는지 엉켜 자라는 걸 즐기는지,

어떤 꽃이 가시가 있는지,

어떤 꽃이 이슬 머금고 아침에 피는 꽃인지,

어떤 꽃이 해를 좋아하는지 또 비를 좋아하는지,

어떤 꽃이 이른 봄을 기다리는지 또 가을을 좋아하는지,

어떤 꽃이 붉은 꽃잎을 가진 꽃인지 또 노란 봉오리를 가진 꽃인지,

어떤 꽃이 통째 피는 꽃인지 또 작은 꽃잎이 하나씩 조금씩 피어나는 꽃인지,

어떤 꽃이 벚꽃처럼 한 잎씩 한 잎씩 오래오래 지면서 긴 여운을 남기는 꽃인지.

소중하지 않은 꽃은 없었다.
쓸모없는 꽃은 없었다.
사람마다 애지중지하는 꽃은 달라도 예쁘지 않은 꽃은 없었다.
모두가 자기 나름의 빛깔과 모양과 향기를 가지고 있었다.
단지 피는 때가 조금씩 달랐을 뿐이었다.
가끔은 너무 작아서 그 존재조차 모를 뻔했던 꽃도 있었다.

처음엔 모든 꽃이 적당한 햇볕과 물만 있으면 충분한 줄 알았다.
그러나 오랜 세월 동안 보고 겪으면서 그 판단이 얼마나 짧았는지 시간이 지난 후에 깨닫게 된 적도 있었다.
그럴 때마다 가던 길을 멈추고 서서 먼 하늘을 바라보았다.
내 무심함으로 외로운 꽃은 없었는지, 내가 모르고 상처를 준 꽃은 없었는지 그것이 늘 고민이었다.
때로는 나 자신이 지치고 힘이 들어 주저앉고 싶을 때도 있었다. 그럴 때면 어김없이 작은 꽃들이 나를 향해 웃으며

손을 내밀어 주었다.

   힘내세요, 선생님이라며 나직한 목소리로 자분자분 위로해 주었다.

   그 존재만으로도 힘이 나서 나는 다시 팔을 걷어붙였다.

   그렇게 수많은 꽃과 함께한 시간이 쌓여 나의 '삶'이 되었다.

   지금 와서 돌아보니 아쉬움이 많다.

   나는 얼마나 꽃들의 말을 많이 들으려고 노력했는가?

   듣고 싶은 말만 들으려고 하지 않았던가?

   나는 그 꽃들의 이야기를 진정으로 귀담아듣는 선생이었는가?

   나는 좋은 선생님이 되고 싶었다.

   아이들이 꿈을 꾸었으면 했다.

   내가 처음 발을 디뎠던 동부동 5번지의 많은 아이들은 가난했고, 당장 먹고사는 일이 급해 꿈이란 게 뭔지 생각할 여유조차 없는 아이들이 많았다. 나는 그런 아이들에게 꿈을 심어 주는 사람이 되고 싶었다. 산업체로 돈벌이를 위해 떠나가는 아이들에게 호소했다. 지금이 전부가 아니야. 넌 더 멋지고 훌륭한 인생을 살 수 있어. 하고 싶은 일을 하면서 행복하게 살길 바라. 그랬으면 좋겠어. 그리고 1년이 지난 후 산업 현장으로 직접 찾아가 격려하고 돌아온 기억도 있다. 내가 근무하는 고등학교에 진학한 아이들에게는 그

꿈을 응원해 주고 싶어 퇴근 후 늦은 저녁에 계란을 삶아 학교 독서실로 밤참을 챙겨 갔던 적도 여러 번 있었다. 마음이 그렇게 하라고 떠밀었다.

모든 꽃이 달랐다.
같은 꽃은 한 송이도 없었다.
1986년 이른 봄, 처음으로 만났던 1학년 5반의 꽃송이들을 나는 평생 잊지 못한다.
특별히 기억에 남는 아이 중, 한 시간 이상을 걸어서 등하교 하던 들꽃 같던 옥분이라는 아이가 있었다. 봄이 오기 전 꽃샘추위는 얼마나 차고 매서웠는지 그 겨울의 끝자락에서 옥분이의 두 볼은 항상 검붉게 얼어 있었고, 손등은 갈라져 피가 날 정도였다. 내가 안티푸라민을 사서 발라 주곤 했는데, 그 아이에게 그 기억이 남아 있을지 모르겠다. 혼자 자취하는 내 방에 놀러 와 궁금한 마음을 참지 못하고 이곳저곳 뒤져 가며 헤헤 웃던 모습이 아직도 눈에 선하다. 그 행동이 약간 당황스럽긴 하였지만 그 순수함이 그리 밉지는 않았다.
그리고 입학 후 삼 년 동안 키가 작아 1번만 도맡았던 영주도 늘 마음속에 남아 있다. 영주는 정말 잘 웃는 아이였다. 어떨 땐 눈물을 뚝뚝 흘리면서도 웃고 있는 모습이 꼭 샐비어꽃 같은 아이였다. 사립 학교에 있다 보니 중고등학교 6년 동안 어쩌다가 영주의 담임을 네 번이나 하게 되어 나중에는 미안하기까지 하였다. 다른 멋진 담임을 만날 행운을 빼앗은 것 같았기 때문이다. 그 인연 때문인지 40년의 인연을 아직도 끈끈하게 붙잡고 있다. 지금은 속마음이 깊고 따뜻한 두 아이의 엄마가 되었다.

해정이도 떠오른다. 웃는 모습이 해당화 같던 해정이는 수줍은 듯 순수한 미소가 늘 어여쁜 아이였다. 지금은 무엇을 하며 살고 있는지 가끔 보고 싶기도 하다.

말없이 우직했던 도라지꽃을 닮았던 우리 반 실장 정은이, 작았으나 야무져 빨간 채송화를 연상케 하는 부실장 상미, 다른 반에서 우리 반으로 옮겨 와 내 아이가 되었던 하얀 찔레꽃 같았던 윤정이도 있다. 윤정이는 특히 수학을 잘하는 아이였다. 순수하고 성실한 그 아이가 나는 참 좋았다. 지금은 초등학교에서 훌륭한 선생님이 되어 아이들의 존경을 받으며 잘 살아가고 있다.

약한 몸으로 자주 배가 아팠던, 하늘거리던 코스모스를 닮은 청기의 명자는 지금은 건강해졌는지 모르겠다. 결석한 다음 날 등교 때 동행한 그 아이의 오빠 품에 한 아름 안겨 있던 작약꽃을 선물로 받고 어쩔 줄 몰라 당황했던 내 모습이 떠올라 지금 생각하면 웃음이 난다. 양동이에 가득 담아 놓았던 그 꽃으로 인해 오랫동안 교실이 환했던 기억이 남아 있다. 지금도 작약꽃을 보면 명자의 얼굴과 함께 얼굴도 생각나지 않는 그 아이의 오빠가 덩달아 생각이 난다. 아마도 내가 받은 첫 번째 꽃다발이었던 것 같다.

  2학년 때 전학 간 아이도 있다. 지금은 부산에서 토끼 같은 딸과 아들을 낳아 기르며 행복하게 잘 살고 있는, 씩씩한 산나리꽃을 닮은 영순이도 생각난다. 호기심도 많고 말도 많았는데 어른이 된 지금도 씩씩한 그 모습 그대로여서 생각할수록 웃음이 난다. 고운 제비꽃 같았던 희섭이, 정열적인 맨드라미꽃 같았던 은정이, 조용하게 꼭 다문 입 모양이 금낭화를 닮았던 영미, 모두가 꽃을 닮아 순수했던 정말 그리운 아이들이다.

  아득히 흘러간 세월 속에서 꽃 같은 아이들을 참 많이 만났다.

  아직도 기억에 생생히 남아 있는 그 얼굴, 그 이름들을 모두 열거할 수 없을 만큼 많은 꽃이 나의 정원에 피었다가 넓은 세상의 꽃밭으로 떠나갔다.

  모두 살뜰히 보살피고 싶었는데 마음이 미치지 못한 꽃도 분명히 있었을 것이다. 그러나 추운 겨울을 이겨 낸 꽃의 향기가 깊고 진하듯이 더 강하고 아름답고 향기로운 꽃으로 세상 가득 피어나리라 스스로 위로해 본다.

  실제로, 학교에 다닐 때는 늘 조용한 편이어서 큰 관심을 받지 못했으나 졸업 후 훌륭하게 잘 살고 있다는 소식을 전해 듣고 진심으로 반갑고 기뻤던 적도 여러 차례 있었다. 내가 돌보지 못한 사이에도 꽃들은 스스로의 힘으로 뿌리를 내리고 꽃을 피우고 튼튼한 열매를 맺기도 한다는 사실을 알게 해 주었다.
  얼마나 장한 아이들인지, 고맙고 또 고마운 일이 아닐 수 없다.

2
  아이들과의 오랜 시간 속에서 수많은 사연이 있었고, 나는 짬짬이 그날의 일들을 기록하는 습관이 생겼다. 잠에 들다가 또는 아침에 눈을 뜨면서 문득 떠오르는 어제의 감동과 아쉬움, 때로는 알 수 없는 설렘과 희망이 무언가를 끄적이게 하였다.
  시를 배운 적은 없지만 아이들과 함께 지내면서 그렇게 시가 써졌다. 마음에만 담아 두면 어느 순간 잊어버릴 것 같아 아이들의 이야기를 간직하기 위해 글을 쓴 것이다. 그렇게 한 줄 두 줄 일기로 또는 시로 써진 글들은 나만의 비밀 창고에 조금씩 쌓이게 되었다.
  그런데 아쉬운 일이 생겼다.
  학교 컴퓨터에 새로운 휴대용 저장 매체인 USB가 등장하면서 그동안 사용하던 플로피 디스켓을 쓸 수 없게 되었다. 처음엔 그래도 간직해야겠다고 서랍의 한곳에 소중히 넣어 놓았었는데 시간이 흐르면서 차츰 좁은 공간만 차지

하는 애물단지가 되어 버렸고, 나도 모르는 새 디스켓에 담겨 있는 글들을 잊고 미련 없이 시원하게 싹 정리를 하고 말았다.

그렇게 나와의 인연이 끝난 나의 글들을 생각하면 생각할수록 아쉽고 나 자신이 한심스럽기까지 하다. 비록 뛰어난 글이 아니더라도 그 마음만은 순도 100%의 진실된 글은 아니었나 생각된다.

아쉬워도 다시 찾을 수 없으니 이젠 놓아야지 하면서도 불쑥불쑥 아쉬움이 드는 건 이 시집을 생각하면서부터이다. 그런 시를 썼었지. 그런데 다시 생각해도 생각이 안 나네. 그럴 때마다 거울 속의 나를 보며 자조한다. 이 바보야. 그걸 버려?

그러다가 마음을 고쳐먹었다.
잃어버린 글은 이미 나의 것이 아니다.
남아 있는 시간을 다시 다듬어 글을 써야겠다고 결심하였다. 다행히 문협 활동을 하면서 남긴 글이 몇 편 있었다.
그러나 더 이상 담임으로 근무하지 않게 된 나는 교실에서 아침, 저녁으로 소소한 일로 부딪히고 함께 나누는 아이들과의 일상이 아쉽고 그리웠다.

내가 써 온 시는 주로 그런 일상 속에서 저절로 쓰인 것이어서 억지로 쓰기는 어려웠다. 그러다가 코로나 팬데믹이 발생했고 텅 빈 교정에서 봄꽃들이 피었다가 지는 모습을 보며 아이들에 대한 그리움이 다시 글을 쓰게 하였다.

그리고 어머니를 여의었다. 그 아픔 속에서 몇 편의 시가 다시 써졌다.

교직 인생 사십 년 동안 가장 행복하고 빛나던 때가 언제였냐고 물어본다면 나는 주저 없이 담임이었을 때라고 말할 것이다. 1초의 망설임도 없이 그때가 내 삶에서 가장 행복했었다고 진심으로 말할 것이다. 아무리 부정해도 그것은 진실이다.

다른 선생님들의 삶 또한 나와 크게 다르지는 않을 것 같다. 교사로서의 평범한 삶의 여정 속에서 맛보았던 기쁨과 보람, 아쉬움과 안타까움, 그리움과 간절함이 모여 나의 시가 써졌다. 다시 말하면 나만의 시가 아니다.

그래서 나의 시는 특별하지 않다.

그리고 사람들은 내가 선생이어서 아이들을 주로 가르치기만 하였다고 생각할 수도 있겠지만 사실은 교사로서, 한 인간으로서 그 아이들로부터 내가 배우고 느낀 점이 훨씬 더 많았다는 사실을 고백한다.

끝으로, 지난 사십 년 동안 함께해 준 모든 소중한 인연에 대해 그리움과 함께 감사의 마음을 전하고 싶다.

2025년 겨울
김옥순

따뜻한 쉼표
2025년 12월 3일 1판 1쇄 펴냄

지은이	김옥순
펴낸이	김성규
편집	조혜주 최주연 권은하 한도연
감수	김남극 하상만
디자인	신혜연
펴낸곳	쉬는시간
주소	서울 마포구 동교로 17길 65, 501호
전화	02 323 2604
팩스	02 323 2603
등록	2019년 9월 3일 제2022-000287호

ISBN 979-11-995416-5-8 43810

* 이 책 내용의 전부 또는 일부를 재사용하려면 반드시 지은이와 출판사의 동의를 얻어야 합니다.
* 잘못된 책은 교환해 드립니다.